LES MURS D'ATHÈNES

ÉTUDES

SUR L'ARCHITECTURE GRECQUE

PAR

Auguste CHOISY

INGÉNIEUR EN CHEF DES PONTS ET CHAUSSÉES

2ᵉ ÉTUDE

LES MURS D'ATHÈNES

D'APRÈS LE DEVIS DE LEUR RESTAURATION

PARIS

LIBRAIRIE DE LA SOCIÉTÉ ANONYME DE PUBLICATIONS PÉRIODIQUES
13-15, QUAI VOLTAIRE, 13-15

M DCCC LXXXIII

LES MURS D'ATHÈNES

PREMIÈRE PARTIE

L'INSCRIPTION

La disposition générale des murs de défense d'Athènes nous a été transmise par une inscription découverte en 1829, et qui se divise en deux parties : un décret du peuple ordonnant la restauration des murs, et un devis détaillé des travaux.

Cette inscription fut relevée pour la première fois par Pittakis et publiée par Franz[1] ; Ottfried Müller la réédita d'après une copie due à L. Ross, et l'accompagna d'un double commentaire : historique et technique[2].

Le commentaire historique, on s'accorde à le regarder comme une de ces œuvres définitives dont les conclusions s'imposent. Mais le com-

[1] *Bulletino dell' Instit. di corrisp. archeol.* (mars 1833, n. III c).
[2] C. O. Müller, *de Munimentis athenarum quæst. hist. et tituli de instauratione eorum perscripti explicatio :* Comment. II (Goettingue, 1836).

mentaire technique nous paraît un simple aperçu d'ensemble, sujet à révision. Le dessin qui l'exprime n'est qu'un vague croquis où les proportions et les formes se montrent à peine esquissées : on sent que, pour devenir réalisable, l'idée aurait besoin de transformations plus ou moins profondes; et ces modifications, on ne les obtiendra qu'en faisant dans la critique une plus large place aux principes mêmes de l'art de bâtir.

C'est cette application des principes techniques que nous tentons ici : nous chercherons dans l'inscription les détails d'un ouvrage qui réponde à la fois aux besoins de la défense et aux exigences de l'art de bâtir; et enfin nous essaierons de résumer les conclusions de cette étude dans une traduction graphique du texte.

L'inscription, avons-nous dit, se divise en deux parties : un décret et un devis.

De ces deux parties, une seule se prête à une interprétation un peu suivie, c'est le devis : le décret qui le précède n'existe que par fragments; et dans le devis même les passages conservés se trouvent séparés les uns des autres par de larges espaces entièrement illisibles.

— Nous avons cru que, malgré leur état de mutilation, les fragments isolés devaient, eux aussi, être conservés et traduits : Si la phrase est rompue, la pensée du moins se trouve comme jalonnée par les mots disséminés sur le marbre, et plus d'une indication curieuse ressort de ces lambeaux du texte. Plus d'une fois il nous faudra marquer par des indications intercalaires l'idée que nous considérons comme le lien de ces fragments : grâce aux différences typographiques, ces transitions purement explicatives se distingueront à première vue de la traduction proprement dite.

— Pour la transcription des passages douteux, nous avons en général suivi l'édition d'O. Müller, mais en tenant compte des rectifications proposées par M. Rangabé dans ses *Antiquités helléniques*[1], et surtout de la collation nouvelle faite par M. Kœhler et publiée dans le deuxième volume du *Corpus Inscriptionum atticarum*[2].

Deux éminents hellénistes ont bien voulu nous prêter un concours qui nous a été précieux : qu'il nous soit permis de présenter ici à M. E. Egger et à M. E. Miller l'expression de toute notre reconnaissance.

[1] Rang., t. II, n. 774.
[2] C. I. A., vol. II, pars I., n. 167.

TEXTE ET TRADUCTION DE L'INSCRIPTION

1   Sous l'archontat de . . . . . , sous la prytanie de . . . . . ,
      Il a plu au peuple ; . . . . . a proposé :
      . . . . les murs de la Ville et du Pirée et les Longs-murs
      et ceux qui entourent le . . . . [les réparer] à toujours et . . . . . .
      . . . . . quelles qu'elles soient, qu'elles soient achevées et bâties . . . .
5   . . . . espacés de trois longueurs de courtine (?)
      . . . . que l'architecte désigné par le suffrage du peuple
      [partage] les murs de la Ville du Pirée et les Longs-murs en
      dix lots, et . . . . . le chemin de ronde . . . .
      . . . . fournir . . . . selon [les conditions de
      l'entreprise . . . .
      . . . . l'architecte, et
10   . . . .

1 Ἐπὶ . . . . ἄρχοντος ἐπὶ τῆς . . . . δος πρυτανείας ἔδο]ξεν τῶι δήμωι . . . . [εἶπεν
. . . . τὰ τείχη τοῦ ἄστεος καὶ τοῦ Πειραιέως καὶ τὰ μα-
κρὰ τείχη καὶ τὰ περὶ τὸν τ . . . . Ἀθηναίων εἰς τὸν ἅπαντα (?) χρόνον κ.
. . . . ὅσ' ἂ'ν ἦι συντελεσθεῖ καὶ οἰκοδο-
5 μηθεῖ . . . . διὰ εἴποντες ἀπ' ἀλλήλων τρία μ[ε]ταπύργια ?
. . . . τὸν ἀρχιτέκτ[ονα τὸν κεχειροτονημένον ὑπὸ τοῦ δή-
μου τῶν τειχῶν τοῦ ἄστεος καὶ τοῦ Πειραιέως καὶ τῶν μακρῶν τειχῶν δέκα μέρη, καὶ ὁ [οδ]ον ?
. . . . παρέχειν] . . . ὀλήιν] δ ἂν μισθώσηται ?
. . . . μὴ ἔλαττον ? . . . ὁ ἀρχιτέκτων καὶ.
10 . . . .

. . . . qui sont en dehors

. . . . sept pieds

. . . . [dans] l'année

. . . .

15 . . . .

. . . .

. . . .

. . . . les entrepreneurs . . . .

. . . .

20 . . . .

. . . . l'architecte. . . . .

. . . . les entrepreneurs. . . .

. . . . garantir par serment dans le Sénat selon la loi. . . . . .

. . . . inscrits au présent décret. . . . .

25 . . . . comprenant. . . . punir celui qui n'obéit pas aux. . . .

. . . . . Et si quelqu'un des entrepreneurs reçoit dans le lot qui lui

est échu. . . . . . . et toutes les autres dépendances du mur quelles

. . . . τὰ ἔξω,

. . . .

. . . . ἑπτὰ πό-

δας. . . . . τῶι ἐτ ε-

15 . . . .

. . . .

. . . .

. . . . μισθῶσ ἄμεν οἱ . . . .

. . . .

20 . . . .

. . . . ἀρχιτέκτονα . . . .

. . . . ωσιν οἱ μισθωσάμενοι . . . .

. . . . ὅρκον πε[ι]σ τῶ σαι ἐν τῆι βουλῆι κατὰ τὸν νόμον . .

. . . . ἐν τῶιδε τῶι ψηφίσματι γεγραμμένον . . . .

25 . . . . συλλαβοῦσαν, κολάζειν τὸν μὴ πειθαρχο[ῦ]ν τα.

. . . . τὰς τῶν [μεμισθ]ομένων παραλάξει ἐν τ[ῶι] μέρει τῶι νεμ[ηθέ]-

ντι αὐτῶι. . . . . ους καὶ τἆλλ' ὅσ' ἂν ἦι ἐπὶ τοῦ τείχους. .

TRADUCTION DU DEVIS 49

qu'elles soient. . . . .
. . . . . . sur le mur. [Et, dans le Metroum, en présence du peuple
. . . . . . [qu'ils rendent compte de] . . . . de l'entreprise et de
30 l'apport d'argent qu'ils auront fait eux-mêmes pour l'exécution
des ouvrages, et qu'ils soient examinés sur les. . . . . ;
et que le secrétaire de la prytanie inscrive sur une stèle de pierre
le présent décret, ainsi que le [devis des] ouvrages faisant l'objet
de l'adjudication [1] et les sommes qu'auront apportées les architectes [2]. Et que le trésorier public donne le montant [des frais]
de l'inscription, [soit] cinquante drachmes, sur les fonds consacrés
par le peuple aux dépenses décrétées.

35   SOUS . . . . . . DE . . . . DE CÉDA ET D'AUTOLYCUS DE. . . . .
LES ADJUDICATEURS ET L'INTENDANT HABRON, FILS DE LYCURGUE, BUTADE.
Ont [mis en adjudication] les ouvrages suivants de la Ville et
du Pirée ainsi que des Longs-murs et de ceux qui entourent le. . .

. . . . ἐπὶ τοῦ τείχους. Καὶ εἰς τὸ μητρῶιον πρὸς τὸν δῆμον
. . . . τοῦ μεμισθωμένου καὶ τὸ ἀργύριον ὅσ[ον
30 ἂν αὐτοὶ εἰσενέγκωσιν τῆι οἰκο[δομ]ήσει τῶ[ν] [ἔργ]ων, καὶ ἐ[ξετ]άζ[ωσ]ιν[τ[ε] περὶ τὰ τ..
. . . . ἀναγράψαι δὲ τόδε τὸ ψήφισμα τὸν κατὰ πρυτανεία-
ν γραμματέα καὶ τὰ μισθώσιμα ἔργα καὶ ὅ,σ' ἂν [εἰσ]ενέγκωσιν οἱ ἀρχιτέκτονες, εἰς στήλην λ-
ιθίνην, καὶ τὸ ἀνάλωμα τῆς ἀναγραφῆς τῆ[ς στήλης δοῦναι τὸν ταμίαν τοῦ δήμο[υ] ν' δ]ρα[χμὰς
ἐκ τῶν εἰς τὰ κατὰ ψηφίσματα ἀναλισκομένων τῶι δήμωι.

35 Ἐπὶ. . . . . κλέους ἐκ Κηδῶν καὶ Αὐτολύκου. . . . .
. . . . οἱ πωληταὶ καὶ ὁ ἐπὶ τεῖ διοικήσει Ἅβρων Λυκούργου Βουτάδης
Τάδε τὰ ἔργα τῶν τοῦ ἄστεως καὶ τοῦ Πειραιέως καὶ τῶν μακρῶν τειχῶν καὶ τῶν περὶ τὸν τ..

[1] Cette stèle n'est autre que le marbre même de notre inscription, et le devis des
ouvrages n'est autre chose que la partie du texte qui commence ligne 35.
[2] Ces *architectes*, évidemment distincts de l'architecte élu par le suffrage du peuple l. 6,
sont les entrepreneurs mêmes des divers lots de l'ouvrage.
Sur le sens du mot εἰσφέρειν, voir Boeckh, *Die Staatshaushaltung der Athener* (2e édit.,
1er vol. p. 697. — Cf. O. Müller, *De munim.*, p. 35, note 32.

... Pour toutes les parties détruites depuis les fondements,
l'entrepreneur rétablira les soubassements à l'aide de blocs
ajustés ensemble[1], faisant la hauteur de ces soubassements au-
dessus du sol de deux pieds au moins.....................

10 ..... et taillant les joints au ciseau dans le voisinage du front
du mur; dressant................ : faisant usage de pierres
d'au moins trois demi-pieds........................

.... droit en parement et en lit, raccordant à l'aide de
terre mêlée de paille les joints dont le vide est inférieur à une
épaisseur de brique : mais si quelque part il existe un vide de
une brique et demie, il ajustera une pierre dressée en parement et en lit, et il l'assujétira à l'aide de coins en bois
d'olivier.

15 .... Et l'assise supérieure des blocages du soubassement,
il la construira en très grosses pierres de taille[2] et...........

..... Et il rétablira ce qui manque des escaliers et des......
du pourtour. Et si quelque partie est ruinée jusqu'au soubas-

....................................ἐπιεικ....τι. Ὀθε...ἐκ τῶν θ ἐντελῶν
..............................τας κομπάς : λιθολογήσει ὕψος ποιῶν ὑπὲρ γῆς μὴ ἔλαττον ἢ δίπο-
10 ειαις..........................καὶ τοὺς ἁρμοὺς ὑπὸ ξοῖδος τιθεὶς πρὸς μετώπου
..............................ὀρθὸν λίθοις χρώμενος μὴ ἐλάττοσιν ἢ τριημιποδι-
αιας............πατα πλευράν ὡς θε καὶ κατὰ κεφαλήν, ἐξοπάχων πηλῶ ἐγχρωμένοι
..............................μὴ ἔλαττον πλίνθου. ἐὰν δέ που δείξηται τριημιπλινθι-
................παρα τὰ ευρὰν καὶ κατὰ κεφαλήν, καὶ σφηνώσει σφησὶν ἐλαϊνοι
15 ς.............καὶ τον στοῖχον ἐπάνω τῶν λιθολογημάτων ἁμαξιαίοις οἰκοδομήσει καὶ
..............................ἐπισκευάσει δὲ καὶ τῶν κλιμάκων τὰ δεό-
μενα..............τε πάντος. Ἐὰν δέ τι πτομαχτίσει μέχρι τοῦ λιθολογήματ-

---

[1] Cet ajustage de moellons dont les *joints* peuvent être obliques, exige un triage for-
bien exprimé par le mot λιθολογεῖν. — A raison des lacunes du texte, nous ne présentons
qu'avec une extrême réserve le sens des dix lignes qui vont suivre.

[2] Ὀρθά παρά πλευράν : Cf. ligne 70. — Quant au sens de l'expression κατά κεφαλήν, il
ressort nettement de l'Inscr. de l'Arsenal du Pirée l. 9 et 40.

[3] Littéralement : « de pierres qui exigent un chariot pour leur transport. » Müller cite à
l'appui de cette interprétation un passage d'Eurip., *Phoen.* 1175. — Cf. Thucyd. I, 93.

sement⁷..

..... fournira et mettra en œuvre ; et s'il est besoin de plus de⁷

.... : après avoir démoli le chemin de ronde. — Là où les

étais⁸.... ....

50 ...... lançant des pièces de chaînage dans [les murs].

Et si la toiture de quelque tour manque de.............

.... la longrine ou l'encorbellement de la corniche, ou
la corniche, soit de pierre, soit de poterie⁹, [ou si quelque autre
partie de] la construction est défectueuse, il [la réparera.

Et il couvrira aussi le chemin de ronde du pourtour de la
Ville, sauf le mur transversal et la double baie au-dessus des
portes¹⁰, ayant posé sur les Longs-murs les corniches de [leur]
plate-forme et de [leurs] parapets.

55 Et toutes [les parties] qui sont avariées sur plus de six doigts
[de profondeur], il les consolidera par des repiquages de briques,

ος[..........................]παρέξει καὶ ἐξοικοδομήσει, ἐὰν δὲ πλεόνων προσδείη-
ται...........................τῶ]ν [μ]εταπυ[ρ]γ[ίων] καθελὼν τὴν πάροδον. Ἦι ἂν ἀντηρίδε-
50 ς.........................ἐνδεσμοὺς ἐνβαλών. Ἐὰν δέ τινος πύργου ἡ ὀροφὴ δέηται.....................αι ἢ θρᾶνος ἢ γεισήπους ἢ γεῖσον λίθινον ἢ κεράμεοῦν ἢ
.....[οἰκοδ]ομ..........ἐλλείπει ἐπισκευάσαι. Κατασтεγάσει δὲ καὶ τὴν πάροδον
τοῦ κύκλ]ου τοῦ περὶ τὸ ἄστυ ἄνευ τοῦ διατειχίσματος καὶ τοῦ διπύλου τοῦ ὑπὲρ τῶν πυλῶν,
ἐπὶ? τὰ μα]κρὰ τείχη, ἐπι[βα]λὼν τοῦ περιδρόμου τὰ γεῖσα καὶ τῶν ἐπαλξίων. Πάντα ὅσα ὃ ἂν ἦι ἑ-
55 ξεστη]κότα? πλέον ἓξ δακτύλων πλινθοβολήσει διαλείπων θυρίδας διπλίνθους, ὕψος ποιῶ-

---

⁶ Le devis vient d'examiner le cas où le soubassement lui-même est en ruine ; il passe
au cas où la ruine s'arrête au niveau du soubassement.

⁷ Il paraît être ici question de fournitures de matériaux : ces fournitures, dès qu'elles
prennent une certaine importance, sont, suivant l'usage athénien, faites directement par l'État.

⁸ On vient de mentionner les parties où le corps du mur présente des dégradations assez
profondes pour que sa restauration exige la démolition du chemin de ronde : il s'agit
maintenant de celles qu'il a fallu soutenir par des étais provisoires. — Quant aux ἔνδεσμοι
qui devront consolider les pans de murs restaurés, ce sont apparemment des pièces transversales
de chaînage ; les pièces longitudinales portent le nom de θράνοι (l. 75). — Cf. Philon de Byz.,
Traité de Fortif., § III, 3 (éd. Graux et de Rochas) ; Vitr., I, V.

⁹ Cf. l. 72.

¹⁰ Nous n'entreprendrons pas de fixer le sens que les Grecs attachaient à ces mots :

ménageant des créneaux (A) [larges] de deux briques, faisant la hauteur du parapet (B) [de] trois pieds et les créneaux hauts de dix assises.

Et il superposera [à ces créneaux] des linteaux de bois (C) [régnant] sur la longueur du mur, [ayant] l'épaisseur d'une assise [et] une longueur de huit pieds.

Et sous ces linteaux il posera des cubes en bois[11] (D), et par-dessus [ces linteaux] il continuera le repiquage en briques sur une hauteur de six assises.

Et il bâtira, du côté intérieur, des piliers (E)[12] là où ils n'ont

ν τοῦ μὲν ἐπαλξίου τρεῖς πόδας, τῆς δὲ θυρίδος δέκα στοίχους· καὶ ἐπιθήσει ὑπερτόνακα ξύλινα γομφώσας διάτοιχα, πάχος στοιχιαῖα μῆκος ὀκτώποδα· ὑποθήσει δὲ καὶ κύβους τοῖς ὑπερτονίαις· καὶ ἐπιπλινθοβολήσει ὕψος ἓξ στοίχους· οἰκοδομήσει δὲ καὶ ἐκ τοῦ ἔνδοθεν

. le mur transversal, la double haie, etc. » Laissons de côté la question topographique, voici selon nous comment on doit entendre ce passage :

Il y avait sur les murs de l'enceinte (περὶ κύκλου) un simple chemin de ronde (δίοδος), et sur les Longs-murs une plate-forme plus large à laquelle est réservé le nom de péridrome : ce péridrome, aussi bien que le parapet qui le couronnait, était orné d'une corniche (γεῖσα). Le texte ne dit pas formellement que ce péridrome ait été protégé par une toiture, tandis que le δίοδος des murailles d'enceinte était certainement couvert.

— Ici nous sommes en plein désaccord avec l'interprétation d'O. Müller. Müller coupe la phrase après ἐπιβαλὼν τοῦ περιδρόμου τὰ γεῖσα, et admet :

1° Que le δίοδος et le περίδρομος appartiennent l'un et l'autre au même mur;

2°. Que le περίδρομος est une galerie extérieure de circulation, soutenue en encorbellement sur la corniche qui couronne le mur du côté de l'ennemi :

— Border ainsi la plate-forme d'un encorbellement extérieur, ce serait masquer aux défenseurs répartis sur le δίοδος la vue du pied des murs, et garantir une sécurité presque absolue aux assaillants pour en saper la base : une telle disposition, essentiellement favorable à l'attaque, paraît tout à fait contraire aux principes de la fortification. — Lorsqu'un chemin de ronde est construit en encorbellement, ce n'est pas le long de la crête extérieure des murs qu'il se développe, mais le long de la crête intérieure : cela ressort clairement des instructions de Philon de Byzance (Fortif. § III, 4) : et à l'appui de cette remarque, nous pouvons citer, grâce à une obligeante communication de M. O. Rayet, l'exemple des murailles d'Héraclée du Latmos.

[11] Par ces cubes D, nous entendons des corbeaux de forme à peu près cubique, qui seraient constitués par les extrémités de traverses noyées dans la maçonnerie au-dessous des linteaux : et c'est très probablement sur ces corbeaux que reposeront les tourillons des volets fermant les créneaux (voir plus loin, l. 76).

[12] Littéralement : « des cibles ». L'analogie entre cette idée et celle d'un pilier a été mise en évidence par O. Müller : il s'agit ici de piliers minces et allongés, semblables à ceux qui servaient de mires dans les exercices de tir.

pas été bâtis : [il les fera] de briques, laissant entre eux des intervalles de sept pieds.

60   Et il incorporera à la maçonnerie [des piliers] deux solives
(F, F′) espacées de trois demi-pieds, faisant la hauteur du pilier de
telle sorte que [les piliers] puissent être à niveau avec l'intérieur
[de la galerie].

Et il posera des poutres (G) sur les piliers[13].

— Là où le plancher n'a pas été fait, il fera un plancher à
l'aide de poutrelles (H) et de traverses (K), les posant à directions
croisées ; ou bien[14] il greffera des solives (L) au pourtour des
poutres, ménageant à partir du dessus [du plancher] un intervalle
de trois palmes[15].

στ]όχους, οὐ μή εἰσιν οἰκοδομημένοι, διπλίνθους διαλείποντας ἑπτὰ πόδας· καὶ ἐνκατοικ-
60 οδ]ομήσει στρωτῆρας δύο διαλείποντας τριημιπόδια, ὕψος ποιῶν τοῦ στόχου ὥστε ἂν ὀρθο-
ὺς] εἶναι εἰς τὸ εἴσω· καὶ ἐπιθήσει δοκοὺς εἰς τοὺς στόχους. Οὐ μὴ κατεστέγασται, στεγάσει δοκί-
σιν καὶ ἐπιβλῆσιν τιθεὶς ἐναλλάξ, ἢ στρωτῆρσιν περιενκενερίσει διαλείπων τρεῖς παλ-

[13] O. Müller entend que les poutres (*δοκοί*) seront dirigées, non pas transversalement.
c'est-à-dire des piliers à la paroi crénelée, mais longitudinalement d'un pilier à l'autre ; et.
partant de cette idée, il admet que la toiture est un comble à un seul versant, un *auvent* porté ;
à l'arrière, par le cours des *δοκοί* ; et, à l'avant, par la crête du mur crénelé.

— La construction ainsi conçue eût été bien instable ; et, pour peu que la pente du
comble fût accentuée, le *δοκός* eût été une pièce d'un équarrissage énorme. Admettons (ce
qui répond tout aussi bien au sens littéral du texte) que les *δοκοί* soient des poutres posées
horizontalement en travers de la galerie de ronde : immédiatement toutes ces difficultés
s'évanouissent.

[14] Le texte met en présence deux solutions, qui correspondent respectivement aux deux
moitiés de notre tracé figure 2.

[15] Le sens est :

On fera la charpente du plancher soit à l'aide de *δοκίδες* et d'*ἐπιβλίδες*, soit à l'aide de
simples *στρωτῆρες* implantés dans les poutres ; *dans les deux cas*, on ménagera pour l'épaisseur de ce plancher un intervalle de trois palmes, mesuré à compter du dessus de l'ouvrage.

Müller, qui poursuit ici son idée d'une charpente inclinée (d'un *auvent*), traduit : « Ménageant entre les *στρωτῆρες* un intervalle qui est de trois palmes à *leur* extrémité supérieure :

— En fait, on imagine difficilement dans un comble en appentis des pièces dont l'espacement ne soit pas le même à leurs deux extrémités : les *στρωτῆρες* du dessin de Müller ne
remplissent pas cette condition, et la note qui les explique (page 67 de son Mémoire) fait
ressortir la difficulté bien plus qu'elle n'aide à la résoudre.

— Toute la difficulté naît de la pente faussement attribuée aux *στρωτῆρες* : Si l'on veut

Et ayant établi au-dessus du mur une maçonnerie qui en
franchira toute la largeur[16], il recoupera l'encorbellement de la
corniche droit suivant le parement, [et] en saillie d'au moins trois
demi-pieds.

Et il fixera un couronnement de corniche (N), le faisant droit
65 à niveau : largeur sept doigts, épaisseur un palme; l'échancrant
en dedans d'une épaisseur de volige, et faisant le front [de ce
couronnement N] d'après la pente[17].

Et, intérieurement à la galerie], il fixera à l'aide de clous
en fer des lattes (P) espacées de trois palmes : épaisseur, un
doigt; largeur, cinq doigts.

Et ayant mis sur ' ces lattes P] du jonc bien nettoyé (?) et,
par-dessous ' ces mêmes lattes], des [tiges de] fèves ou du jonc[18].

κατὰς ἐκ τοῦ ἐπάνωθεν καὶ διοικοδομήσας ἐπὶ τοῦ τοίχου ἀνατερεῖ τὸ γατηπεδ.. ὀρθ-
ὸν παρὰ πλευρὰν ὑπερέχον μὴ ἔλαττον τριημιπόδιον· καὶ ἐπικρούσει ἀκρογείσιον ποιῶν ὀ-
65 ρθὸν κατὰ κεφαλήν, πλάτος ἐπτὰ δακτύλων, πάχος παλαστῆς, παρατεμὼν ἐκ τοῦ ἔνδοθεν πάχο-
ς ἱμάντος καὶ τὸ μέτωπον ποιήσας πρὸς τὴν καταφοράν. Ἐπικρούσει δὲ καὶ εἰς τὸ ἐντὸς ἱμά-
ντας διαλείποντας τρεῖς παλαστάς, πάχος δακτύλου, πλάτος πέντε δακτύλων, ἥλοις σιδηρ-

bien admettre que ces pièces sont *horizontales*, et que l'intervalle de trois palmes représente
l'épaisseur du plancher, le texte devient d'une clarté parfaite.

[16] Ce passage a trait à l'établissement d'une terrasse M en briques crues (ou probablement en pisé), qui mettra le chemin de ronde à l'abri du choc des projectiles tirés en bombe, et protégera les bois du plancher contre les flèches incendiaires : Rien dans la traduction de Müller ne rend l'idée de cette masse de terre qui transforme la galerie de ronde en une casemate parfaitement protégée; Müller la couvre d'une charpente assez frêle, que l'ennemi peut effondrer ou incendier à son choix.

[17] L'ἀκρογείσιον, décrit dans ce paragraphe, est une longrine N, de un palme de hauteur, faisant bordure le long de la terrasse.

Cette longrine est *délardée* d'après l'inclinaison du toit, le *front* (c'est-à-dire la partie fuyante du profil) s'inclinant suivant la pente même d'écoulement des eaux. — Müller voit au contraire dans cet ἀκρογ. un chéneau. Nous ne croyons pas que, pour un chéneau, une hauteur de 0m 08 ait été possible, surtout si l'on observe que le chéneau serait en terre cuite, et qu'il faudrait comprendre l'épaisseur du fond dans les huit centimètres.

Étant admis que l'ἀκρογ. est la bordure de la terrasse, on s'explique immédiatement l'utilité de l'*échancrer* d'une épaisseur égale à celle de la volige P.

[18] La partie de gauche de notre dessin perspectif (fig. 4) indique cette façon d'associer aux grosses lattes P un menu lattis de roseaux ou de chaume.

Cf. Vitr. VII, 3; Pallad. *de Re rust*. I, 13; Columell. XII 50.

il plafonnera en terre mêlée de paille : épaisseur, trois doigts.

Et il couvrira en tuile de Laconie tout le chemin de ronde
70 de l'enceinte ; et, sur les Longs-murs [il posera] les tuiles de
bordure[19] là où elles ne sont pas en place, les posant toutes dans
[le mortier de] terre, droit dans le sens du parement. Et il établira
les tuiles couvre-joints, les posant à bain de [mortier de] terre.

Et il établira[20] des bordures de corniche (S) [qui seront] du
côté du dehors [en poterie] de Corinthe, retaillant les abouts [des
poutres] pour les ajuster et plaçant [ces bordures de corniche]
droit en parement et en tête.

Et ayant fait un échafaudage[21], il exécutera à l'aide d'un
enduit en terre mêlée de paille une frise continue (Q) d'une hauteur de quatre assises.

Et les [parements] extérieurs du mur qui en ont besoin, il les
réparera à l'aide de briques et de demi-briques ; et là où il y a eu

οἷς· καὶ ἐπιβαλὼν κάλαμον λελαμμένον, ὑποβαλὼν λοβὸν ἢ κάλαμον, δορώσει πηλῶι ἠχυρωμέ-
νωι πάχος τριδάκτυλον· καὶ κερχμώσει Λακωνικῶι κεράμωι τοῦ μὲν κύκλου πᾶσαν τὴν πάρο-
70 δον, τῶν δὲ μακρῶν τειχῶν τὰς ἡγεμόνας, οὐ μή εἰσιν κείμεναι, τιθεὶς ὅλας ἐν πηλῶι ὀρθὰ παρὰ πλευράν· καὶ καλυπτηριεῖ τιθεὶς τοὺς καλυπτῆρας ὅλους ἐν πηλῶι. Καὶ ἀπογεισώσει ἐκ
τοῦ ἔξωθεν γείσοις Κορινθίοις ἀναξῶν τοὺς κριοὺς ἁρμόττοντας καὶ τιθεὶς ὀρθὰ παρὰ π-
λευρὰν καὶ κατὰ κεφαλήν. Καὶ ποήσας κανθήλιον ἐκδορώσει? πηλῶι ἠχυρωμένῶι[διάζωμα !0]-
υτρεχὲς ὕψος τεττάρων στοίχων· καὶ τὰ ἔξω χρειαζόμενα τοῦ τείχους ἀνα-σκευάσει πλίνθ-

[19] Bœckh, *Urkunden über das Seewesen*, p. 405-408.

[20] Müller voit dans ce passage la description d'une *corniche d'ordre corinthien*, avec ses
volutes dont la forme, plus ou moins semblable à celle d'une corne de bélier, serait expri-
mée par le mot κριός.

En réalité, il s'agit simplement d'appliquer à la saillie de la corniche un de ces revêtements que les Latins désignaient sous le nom *d'antepagmentum :* un antepagmentum *en
poterie de Corinthe.* La poterie de Corinthe était fort en vogue : le devis de l'Arsenal du Pirée
prescrit « la tuile de Corinthe » (l. 58).

Quant au mot κριός, Philou de Byzance, *Traité de fortif.*, § III, 4 l'emploie pour désigner
des poutres encastrées servant de supports à des planchers-volants : ici les κριοί sont les
abouts mêmes des grosses poutres, abouts « qu'il faut recouper » très exactement pour leur
adapter le lambrequin en poterie de Corinthe.

[21] Nous empruntons le sens du mot κανθήλιον au commentaire d'O. Müller.

75 éboulement, il établira la liaison à l'aide de chaînages en bois.

Et il fera au pourtour de la Ville des volets [de créneaux] retombant contre le parapet :

Ayant, [sur chacun des corbeaux D (?)] du parapet, posé et chevillé un chapeau (D')[22], il creusera en dessous [l'évidement destiné à recevoir le tourillon].

[Et il consolidera le volet à l'aide de traverses] d'une épaisseur de deux doigts, et de contre-traverses[23], et il clouera à l'aide de clous de fer [à têtes] larges : cinq par contre-traverse.

[Et il construira des marche-pieds B en briques (?)[24]] posées à
80 directions croisées, le long du parapet : hauteur, un pied ; largeur, deux pieds ; et il [les] revêtira d'un enduit ; et suivant. . . . .
. . . . les créneaux et les tours et le chemin de ronde.

Ayant clayonné et construit une aire en béton de tuileaux (?)[25] . . . . à l'aide de terre mêlée de paille

75 οις καὶ ἐμπλινθίοις, καὶ ὅσα κατέῤῥωγεν τοῦ τείχους ἐνδήσει θράνοις ξυλίνοις. Ποιήσει δὲ καὶ θυρίδας τοῦ ἄστεως τῶι κύκλωι καθ'ἡ'αρα'κτ'ους κατ'ἔπαλξιν. . . . . [ἐπαλξίου στροφεα προσβαλὼν καὶ συνγομφώσας ὑποτρυπήσει. . . . . [ποιήσει δὲ. . . . παχος ἕκαστον διδακτυλου'ς καὶ ἀντιζυγώσει δυσὶν ἢ ντιζύγων . . . . καὶ καθηλώσει ἥλοις σιδηροῖς πλατέσιν πέντε εἰς τὸ ἀντίζυγον . . . .
80 ὁς ἐναλλὰξ παρὰ τὴν ἔπαλξιν ὕψος ποδιαίας πλάτος διπ[οδιαίας?. . . . . ην ἐναλλὰξ παρὰ τὴν ἔπαλξιν καὶ περιαλείψει καὶ κατα. . . . . τὰς θυρίδας καὶ τοὺς πύργους καὶ τὴν πάροδον. ῥαχώσας καὶ ὀστρακώσας. . . . . πηλῶι ἀχυρ-

[22] Le dessin perspectif du volet, que nous donnons fig. 1, rendra compte de cette disposition aussi pratique que simple.

[23] Les ζυγά sont, à proprement parler des *moises* : Apollod., *Poliorcétique*, éd. Wescher, p. 165.

[25] Le texte est illisible à l'endroit contenant la désignation de cet accessoire des murs qui se développait « le long du parapet, sur une hauteur de 1 pied et sur une largeur de 2 pieds », et qui se composait de matériaux disposés ἐναλλάξ : — Nous pensons, mais sans prétendre le prouver absolument, que cet accessoire était un marche-pied B ; et ce qui nous fait pencher vers cette hypothèse, c'est l'analogie des murs byzantins de Constantinople : Adaptons au mur d'Athènes une banquette de 2 pieds sur 1 pied et nous obtenons, entre le niveau de l'appui du créneau et le dessus de cette banquette, juste l'intervalle qui existe aux murs de Constantinople.

[25] L'usage d'établir ainsi les aires sur lits de paille ou de clayonnage est mentionné par

[formant une couche] d'une épaisseur de deux doigts, et de
terre .... que l'intendant jugera être ......; raccordant [cette
aire] avec l'ancienne, [retravaillant ce qui paraîtra...........
...........................; et partout où il le faudra], il
85 creusera l'enduit, et toutes les parties de l'enduit qui auront été
[ainsi] détachés, [il les ....]
.... [Et des Longs-murs[26]] il parachèvera la plate-forme et
le parapet et le parement et la corniche, et ....
.... et, en grattant, il démolira ....
réparant partout où il en est besoin ....
.... les volets et la toiture des tours et [celle] du chemin de
ronde.

ωμένωι πάχος διδακτύλωι, γῆς διπτ . η[μέν]ης ἣν ἂν δοκιμάσηι εἶναι? ....[ὁ ἐπὶ
τῆι διοικήσει, προσέχων τῆι προτέραι καὶ ἀπογγίζων ὅτι ἂν δοκῆι? ....[τ-
85 ην ἀλοιφὴν ἀποσκάψει, ὅσ᾽ ἂν ἀφεστηκότα ἦι τοῦ ἀλοιμοῦ κ..............τὸν περίδρομον καὶ τὴν ἔπαλξιν καὶ τὸ θωρακεῖον καὶ τὸ γεῖσ[ον καὶ...................
ἐπε[ξ]ε[ργά]σεται λε....λατ...δηι καὶ ἀνατρίψας ἀποσ[κάψει...................
.................ἐπισκευάσας ὅτου ἂν δέηται.................
...τὰς θυρίδας καὶ τὴν ὀροφὴν τῶν πύργων καὶ τῆς παρόδου...................

Philon de Byzance (*Vet. mathem.*, p. 87. — De Rochas, *Poliorcétique des Grecs*, p. 64). Vitruve
à son tour (VII, 1) signale cette pratique, aussi bien que l'usage de battre les enduits.

[26] Trois expressions caractéristiques se présentent ici : περίδρομος, γεῖσον et θωρακεῖον ;
et, si l'on veut bien se reporter à la note 10 (l. 54), on verra que les deux premières paraissent
avoir trait aux Longs-murs.

— On ne possède pas de description des Longs-murs qui corresponde à l'époque de
notre inscription : les anciennes constructions, décrites dans Thucydide (I, 93), avaient été
détruites en grande partie par l'ordre des Spartiates et relevées par Conon. Mais la reconstruc-
tion s'était faite sans nul doute sur les anciennes fondations, et par suite les Longs-murs de
Conon devaient reproduire à peu près ceux dont Thucydide nous a donné le détail : deux
parements en pierre d'appareil, reliés ensemble par un remplissage en maçonnerie grossière :
c'était un type de mur fort usité chez les anciens et sur lequel Dion Cassius nous donne, à
propos de l'application qui en fut faite à Byzance, de très précieux détails. Voici sa description (LXXIV, 10) :

ὅ τε γὰρ θώραξ αὐτῶν λίθοις τετραπέδοις παχέσι συνωκοδόμητο..., καὶ τὰ ἐντὸς αὐτῶν καὶ
χώμασι καὶ οἰκοδομήμασιν ὠχύρετο, ὥστε καὶ ἓν τεῖχος παχὺ τὸ πᾶν εἶναι δοκεῖν, καὶ ἐπ᾽ ἄνωθεν
αὐτοῦ περίδρομον καὶ στεγανὸν καὶ εὐφύλακτον ὑπάρχειν.

— Ce qui se traduit ainsi :

« Et le parement (θώραξ) était bâti en pierres carrées épaisses... Et l'intérieur était con

90   .... [Et] chacune [des portes[27], il la fera] à double
   volée, [et] l'ajustera ....
   .... le long du mur, extérieurement et intérieurement, non
   moins de ....
   de trois demi-pieds ....
   ...... du fossé[28] .... il enlèverait le déblai là où il
   se produit ....
   .... cent .... de palissade ....
95   .... recevoir .... les routes[29] qui sont dans les
   Longs-murs ....
   .... la fortification qu'ils auront entreprise ....
   .... la palissade .... qui entoure ....
   ...... celui qui aura achevé ces murs ....

90) . καὶ ... τε . καὶ μ...... καὶ μ.... δίπτερος? ἕκαστα ἁρμόσει ....
οτον .. παρὰ τὸ τεῖχος ἔνδοθεν καὶ ἔξωθεν μὴ ἔλαττον ....
τριημιποδία φα..... ατοσω ... α ... οσαποκαινε . π ....
.... ταφρου? .... ὑποφορήσειε τὸν χοῦν οὗ ἂν γίγνηται ....
.... ἕκατον χάρακος? ....
95) ος ..... παραλαβεῖν μ . α . τὰς ὁδοὺς τὰς ἐν τοῖς μακροῖς τείχεσι ....
μο .. ἐκάτων καὶ .... ὑγρὸν ὃ ἂν μισθώσῃ ται ....
ο ἑκάτ ερο . πα ..... τμ .... α . τὸν χάρακα .... τὸν περί ....
.... τείχη ταῦτα ἐξεργαταμενον ....
ομένους κ .... κέραμον ὅσον παρέλαβον ....

solide par des remblais et des maçonneries, de telle sorte que le tout semblât être un
mur unique épais, et que la galerie de couronnement de ce mur] fût praticable à des chars
περίδρομον, et bien couverte, et facile à garder. »

Tels étaient probablement les Longs-murs ; et la description des murs de Byzance nous
donne la clé des trois expressions caractéristiques du passage qui nous intéresse, savoir :

Θωρακεῖον — le parement extérieur en pierres d'appareil ;

Περίδρομος — la large plate-forme qui les couronne (Cf. note 10. — Vitr., V. xi) ;

τεῖχος — le couronnement en pierre de taille du parement appareillé.

[27] Le mot δίπτερος (?), qui a été lu par Pittakis, *paraît* indiquer qu'il est question dans
ce passage de portes « à double volée, » càd. à deux vantaux.

[28] La signification des mots τάφρος, χοῦς et χάραξ est indiquée dans Philon de Byzance
(*Fortif.*, § X éd. Graux et de Rochas.).

[29] Voir, au sujet de ces *routes*, Philon de Byzance, (*Fortif.*, § X. 9).

.... [autant de] de tuile qu'il en aura reçu[30] ....
100 ....
.... si quelqu'un ....
.... les ouvrages ....
....
.... la démolition ....
105 .... la deuxième année ....
.... la troisième année ....
.... la cinquième année il donnera ......
les conventions ....
des ouvriers, trouver .... l'année ....
110 ..... sera partagé ....
..... fournir tout ce dont ils auront besoin pour les travaux ...
...... [si, pendant] une guerre, [l'entreprise] est troublée[31] ; et
constituer des garants ....
..... chaque année combien il en livrera ....

100 ....
δὲ αὐτὸν .... αἴ τις ....
.... τὰ ἔργα ....
ις αρχ .... •.....
αὐτὸν .... ἔρεψεν ....
105 .... τῶι δὲ δευτέρωι ἔτει ....
.... τῶι δὲ τρίτωι ἔτει τὸν ....
. τὴν κο ..... τῶι δὲ πέμπτωι ἔτει παράξει ....
. νὰς συγγραφὰς ....
τῶν ἐργατῶν ἀνευρίσκειν? ..... τὸν ἐνιαυτὸν ....
110 .. ιας μεριεῖται .... πρὸς τὰ ἔξω? ....
.. οἷς ἅπαντα ὅσων ἂν δέωνται εἰς τὰ ἔργα παρασχ ....
.. πόλεμον κινηθῆι ἐγγυητὰς δὲ καταστῆσαι ....
.. τὸν ἐνιαυτὸν ἕκαστον ὅσα τούτων παραδώ[σει ....

[30] Encore une allusion à l'usage des fournitures faites par l'État aux entrepreneurs.

[31] Ce cas d'une guerre venant modifier les conditions du contrat était habituellement
prévu dans les marchés des Grecs. Ex. : Inscr. des murs de Tégée, commentée par M. Rangabé : Mém. de l'Acad. des Inscr. (Savants étrangers, 1re série,. t. VI, p. 277 .

par une corniche de pierre. [Et] il fera les substructions[1] ......
115 ..... largeur cinq demi-pieds, laissant un intervalle de ....
.... sera .... lisse ....
.... Les architectes ont partagé comme il suit ....
du mur.

LES OUVRAGES ONT ÉTÉ ADJUGÉS COMME IL SUIT :

120   Le premier lot du mur septentrional, depuis le mur transversal jusqu'aux ....
.... des portes, et les chemins de ronde ....

λίθοις γειτηποδισμάτων ὑποικοδομήσει..............
115 ...πλάτος πενθημιποδίους διαλείποντας...........
...ἔσται δὲ καὶ...λαιας τ...πειας τοίχου?............
......κατὰ τάδε ἔνειμαν οἱ ἀρχιτέκτονες............
τείχους

Κατὰ τάδε μεμίσθωται τὰ ἔργα·

120 Τοῦ βορείου τείχους πρώτη μερὶς   Τοῦ νοτίου τείχους πέμπτη μερὶς ἀπὸ
ἀπὸ τοῦ διατειχίσματος μέχρι τῶν   τοῦ διατειχίσματος τοῦ Πειραιῶς.
...ν πυλῶν καὶ τὰς διόδους   μέχρι τοῦ Κηφισοῦ.
·· ΙΙ ΙΙ ΙΙ ΙΙ
μισθωτ ης
125 μισθωτ ης Νίκων Κορυδαλλεύς   Ἕκτη, μερὶς ἀπὸ τοῦ Κηφισοῦ

[1] « Une corniche de pierre, etc. » — Ce retour aux détails techniques à la suite des clauses générales de l'entreprise paraît bizarre; et O. Müller a mis en avant pour l'expliquer une ingénieuse supposition, qui consiste à regarder les détails contenus de la ligne 114 à la ligne 117 comme représentant non plus des travaux *obligatoires* imposés à l'entrepreneur, mais des *perfectionnements facultatifs* qu'il lui est loisible d'apporter en vue de mériter la bienveillance du peuple athénien.

Dans cette hypothèse, la partie effacée de l'inscription, avant les mots « par une corniche de pierre », aurait un sens tel que celui-ci :

Et si l'entrepreneur veut bien mériter du peuple, il couronnera le mur par une corniche de pierre, etc.

De sorte que l'ordre suivi dans la rédaction du Devis aurait été le suivant :

1° Jusqu'à la ligne 100 : Description des travaux *formellement* imposés aux entrepreneurs moyennant une rétribution convenue;

2° De la l. 100 à la l. 114 : Conditions générales de l'entreprise;

3° De la l. 114 à la l. 117 : Énumération des perfectionnements facultatifs;

4° A partir de la l. 117 : Partage des travaux en dix lots d'entreprise.

. . . . [talents], 400 [drachmes] . . . .
Entrepreneur . . . .
Entrepreneur . . . . fils de Chion de Corydalle.

Le cinquième lot : du mur septentrional à partir du mur transversal du [Pirée] jusqu'aux Céphise.

Le sixième lot : à partir du Céphise.

DATE DE L'INSCRIPTION.

Le nom d'un des fils de l'orateur Lycurgue, qui est inscrit en tête du devis (l. 36) reporte évidemment l'Inscription au dernier tiers du IVe siècle.

Mais une détermination tout à fait précise n'est pas sans difficulté.

O. Müller pense[1] que l'inscription fut gravée du vivant même de Lycurgue, à une époque où ce magistrat, ayant épuisé la durée légale de sa gestion financière, continuait sous le nom de son fils Habron la direction des grands travaux dont il était le promoteur.

Boeckh, au contraire[2], penche à considérer l'Inscription comme postérieure à la mort de Lycurgue.

Cette conjecture reporterait l'Inscription vers la CXIII[e] ou la CXIV[e] olympiade : et cette date répond en effet à la désorganisation momentanée qu'éprouva l'Empire macédonien à la mort d'Alexandre : c'était bien l'instant le plus favorable qu'Athènes pût saisir pour relever

[1] O. Müller, *De mun...*, p. 28 et suiv.
[2] Boeckh, *Staatshaush. der Athener*, 2e éd., p. 570. — Cf. p. 256.

définitivement ses murs. Elle les avait restaurés en l'an 339[1] sous la menace de l'invasion macédonienne; elle les relève vers l'an 323, au moment où l'Empire macédonien se démembre.

[1] Un an avant la bataille de Chéronée ; cette date résulte du décret de Ctésiphon rapporté par Démosth., *de Cor.*, 35°.

DEUXIÈME PARTIE

EXAMEN DES DISPOSITIONS TECHNIQUES

CHAPITRE PREMIER

DISPOSITIONS GÉNÉRALES

Pour saisir le sens technique du Devis, il faut avant tout distinguer dans l'Inscription les passages qui ont trait aux Longs-murs, de ceux qui se rapportent à l'enceinte même de la Ville.

Quelques lignes à peine ont trait spécialement aux Longs-murs[1], mais ces lignes suffisent pour caractériser des dispositions tout à fait étrangères à celles de l'enceinte: Deux parements séparés par un large intervalle; entre les deux, un remplissage de construction grossière; au sommet, une large voie de circulation.

Ce sont les murs mêmes de l'enceinte qui font l'objet principal de l'Inscription; et le profil-type qu'elle définit répond dans son ensemble aux indications du croquis ci-contre :

[1] L. 57, 86, 96.

Ici, la muraille est constituée non plus par un double parement avec remplissage en maçonnerie brute, mais par une maçonnerie pleine, faite de briques crues, qu'un soubassement en blocage met à l'abri de l'humidité du sol. Ce massif de briques comporte, à raison de sa structure plus homogène et plus régulière, une épaisseur moindre que

celle du massif grossier des Longs-murs : aussi ne trouve-t-on point à son sommet la large voie de circulation désignée dans le texte sous le nom de *péridrome*, mais un simple chemin de ronde (διέξοδος). Ce διέξοδος forme sur tout le développement de l'enceinte une galerie couverte, dont l'installation est la suivante (voir la première figure de la planche annexée à cette étude) :

Le long de la crête extérieure du mur, règne un parement crénelé ;

Le long de la crête intérieure, s'alignent une série de pilastres E, espacés de huit pieds d'axe en axe.

Et les poutres de la toiture reposent d'un bout sur les pilastres E, de l'autre bout sur les merlons du crénelage.

A proprement parler, cette toiture du chemin de ronde est moins un comble qu'un blindage surmonté d'une terrasse : partout les bois sont recouverts par un massif de terre ou protégés par d'épais enduits : le chemin de ronde se présente ainsi comme une véritable casemate régnant au pourtour de l'enceinte.

Aux créneaux du chemin de ronde sont adaptés des volets, et la zone de terrain qui entoure les murs est occupée par de larges fossés et des palissades.

Telle est la fortification, envisagée dans son ensemble. Et cette fortification, le texte nous la montre réduite à l'état de délabrement le plus complet :

Ici, les parapets ont leurs parements corrodés sur plus de six doigts de profondeur (plus de 0ᵐ,11 : l. 55) ; ailleurs des pans entiers de la muraille sont tombés en ruine jusqu'au niveau du soubassement de pierre qui les portait (l. 47) ; sur quelques points enfin (l. 38) ce soubassement, la fondation même est à refaire.

— De tels désordres ne s'expliquent que par une longue période d'abandon : la corrosion des parements ne peut être qu'un effet prolongé des pluies, elle suppose la destruction des toitures; et les dislocations qui atteignent jusqu'aux fondations mêmes semblent des brèches pratiquées de main d'homme.

La date de l'inscription jette quelque jour sur cette situation étrange : Athènes ne s'était jamais entièrement relevée des désastres de la guerre du Péloponnèse; ses murs étaient en ruine. A l'ap-

proche de l'invasion macédonienne[1], elle tenta un énergique effort
pour les remettre en état de défense, mais ce ne fut à coup sûr qu'une
reprise improvisée, et la restauration définitive restait à faire. Tant
que dura la puissance macédonienne, cette restauration dut être
ajournée, et les désastres s'aggravèrent : jusqu'à ce qu'enfin, à la
mort d'Alexandre, Athènes revenant aux illusions de son indépen-
dance, reprit ce grand travail des murs qui, selon la fière expression
du décret (l. 3), devait être « une restauration à toujours. »

CHAPITRE II

DÉTAILS DE CONSTRUCTION

I. — LES SUBSTRUCTIONS.

Les substructions, avons-nous dit, sont en pierre ; et, autant qu'on
en puisse juger d'après les fragments mutilés du texte (l. 38 à 46), la
disposition de ces pierres tient le milieu entre l'appareil polygonal et
l'appareil régulier.

Les surfaces de lits sont astreintes à l'horizontalité ; mais comme
le devis n'impose pas une épaisseur d'assise uniforme, il est à croire
que les lits présentent des *décrochements* plus ou moins multipliées.

Quant aux joints montants, ils ne sont soumis à aucune loi :
rien n'oblige l'entrepreneur à les retourner d'équerre par rapport
aux plans de lits.

Un agencement de blocs à lits horizontaux et à joints obliques,
tel est donc l'appareil des soubassements : c'est d'ailleurs à ce type

[1] L'an 339.

que se rapportent les murs de Messène et la plupart des constructions militaires des Grecs[1].

Au voisinage des parements, les joints montants doivent être ajustés au ciseau, mais dans le corps du massif, ils peuvent laisser entre eux des interstices plus ou moins larges : dans les plus larges on intercale des fragments de pierre assujettis par des coins en bois d'olivier; les autres, on se contente de les combler par un remplissage de mortier de terre mêlée de paille hachée. — Observons incidemment que le mortier n'est pas indiqué comme servant de *lit* de pose, mais uniquement comme fourrure ou remplissage : En Grèce, l'usage de maçonner les pierres de taille à bain de mortier paraît être beaucoup plus récent que le ive siècle.

II. — LE CORPS DES MURS.

Le corps des murs, à partir du niveau où l'humidité n'est plus à craindre (c'est-à-dire à partir d'environ deux pieds au-dessus du sol), se compose de briques crues. Le texte dit simplement « *des briques* » : mais on sait que le mot πλίνθος, comme en latin le mot *later*, lorsqu'il n'est accompagné d'aucune indication spéciale, veut dire simplement de l'argile moulée en carreaux et séchée au soleil.

Ici, du reste, nous avons un témoignage formel, c'est celui de Vitruve[2]; et Pausanias nous apprend que les anciens préféraient les murs en brique crue aux murs en pierre, comme amortissant mieux les coups du bélier.

Comment ces briques étaient-elles mises en œuvre? Rien dans le texte ne l'explique : il paraît du moins évident que ces briques friables et de faible masse ne pouvaient être employées à sec : assurément on

---

[1] Blouet, *Expéd. scientif. de Morée*, vol. 1, pl. 39.
[2] Vitr. II, viii. — Cf. Pausan. VIII, viii, 5.

interposait entre elles un lit de terre délayée ; et cet emploi d'un mortier entre les briques servira un jour de point de départ à la pratique si tardive chez les Grecs de *maçonner* les pierres.

— Réparer des murs ainsi construits était chose facile : Pour les altérations superficielles, une simple application de terre de même nature que celle du mur suffisait à rétablir la régularité du parement ; et, dès que la dégradation devenait profonde, on procédait, nous dit le texte, par repiquage de briques ou de demi-briques.

III. — Les chainages.

Des pièces de bois longitudinales (θράνοι) et des pièces transversales (ἔνδεσμα) formant comme un grillage étaient noyées dans l'épaisseur de ces maçonneries et répartissaient sur une grande étendue de mur le choc des engins d'attaque. — « Les longrines, nous dit Philon de Byzance[1] aident aux réparations des brèches. » Et en effet, le texte de l'inscription recommande (l. 75) de leur relier les matériaux des reprises.

Mais le cas le plus curieux de chaînage est celui des piles E qui se dressent le long de la crête intérieure du mur et portent les grosses poutres du toit.

Ces piles, épaisses de un pied seulement sur une de leurs faces, auraient offert une stabilité insuffisante si on les eût laissées isolées les unes des autres. — Deux cours de longrines les entretoisent à deux hauteurs différentes (longrines F et F′), et établissent entre elles une solidarité parfaite, tout en laissant la galerie de ronde largement ouverte du côté de la place, ce qui permet de l'approvisionner en projectiles sur tous les points où la défense l'exige.

Au reste, ce mode d'entretoisement, non plus que le procédé de

____
[1] Fortif. III, 3.

chaînage appliqué au corps des murs, n'est pas exclusivemsnt propre
à l'art grc : ces méthodes se retrouvent dans toutes les vieilles archi-
tectures de l'Orient; et l'architectdre byzantine, qui à bien des égards
n'est qu'une continuation de l'art grec, les pratique aujourd'hui
même.

IV. — CHARPENTE DE LA GALERIE DE RONDE.

La toiture de la galerie de ronde (fig. 1) ne sert pas seulement
d'abri aux défenseurs : elle écarte du parement des murs les eaux
pluviales, et cette circonstance explique la saillie de un pied et demi
que le devis lui attribue.

— La charpente, d'une simplicité toute primitive, n'est à vrai
dire qu'un plancher porté par des grosses poutres G et qui peut être,
au choix de l'entrepreneur, construit de deux façons distinctes, cor-
respondant respectivement aux deux moitiés de la coupe figure 3 :

1re SOLUTION :

L'une des deux solutions (celle qui correspond à la moitié de
gauche de la figure) consiste à faire porter le voligeage sur des poutrelles
carrées H *par l'intermédiaire* d'entretoises K;

2e SOLUTION :

L'autre (celle qui répond à la moitié de droite de la figure) consiste
à faire porter le voligeage *directement* sur des solives méplates I..

Dans les deux hypothèses, l'épaisseur occupée par la membrure du
plancher est la même, soit trois palmes; et, comme cette membrure est
voilée par un plafond en terre, la différence des deux solutions échappe
à l'œil.

La première combinaison (celle de gauche) permet, en rapprochant

les entretoises, d'avoir sous la terrasse un voligeage moins épais ;
l'autre (celle de droite) supprime les entretoises, mais exige, vu le plus
grand espacement des solives, un voligeage plus épais : les garanties
de durée sont les mêmes de part et d'autre, et les quantités de bois
s'équilibrent : le devis n'établit ni au point de vue de la solidité, ni au
point de vue de la dépense, aucune distinction de l'une à l'autre.

V. — Terrasse et couverture.

La terrasse M qui surmonte ce plancher est apparemment un rem-
blai de terre pilonnée. Deux bordures N, épaisses de un palme sur leur
face antérieure et profilées suivant la pente de la toiture, arrêtent le
long des rives la masse du pisé ; et c'est sur ce pisé que reposent
directement les tuiles.

D'ailleurs rien n'oblige à donner au toit l'aspect d'un appentis que
lui prête O. Müller ; et le profil à versant unique aurait même l'incon-
vénient d'exagérer le poids de la construction vers l'arrière, c'est-à-dire
à l'endroit où elle n'a que des piles isolées pour supports. — En réalité,
la toiture est à double pente ; et la corniche qui la borde, au lieu d'être
« une corniche à modillons corinthiens », n'est autre chose qu'un revêtement *en poterie de Corinthe* qui tapisse et protège les pannes de
gouttière.

VI. — Détails du crénelage.

Un détail en apparence fort secondaire, mais qui marque une
époque dans l'histoire de l'art de bâtir, c'est la présence des linteaux de
bois C au-dessus du vide des créneaux. A la place de ces linteaux C, un
arc de briques semblerait tout indiqué comme support de la partie supérieure des maçonneries ; mais au ive siècle, les procédés de la construction voûtée étaient encore assez peu répandus en Grèce pour qu'un
parti en apparence si élémentaire ne vînt même pas à la pensée de
l'architecte.

— Notons du moins avec quel juste sentiment des résistances l'architecte a mis en œuvre le bois de ces linteaux : les pièces sont encastrées; l'auteur du projet a senti que cette circonstance ajoutait à leur force, et a réduit d'autant l'équarrissage : ces linteaux n'ont *que l'épaisseur d'un lit de brique*.

VII. — LES VOLETS DU CRÉNELAGE.

Des portières en bois servaient de fermeture aux créneaux : Mobiles autour de leur arête supérieure, elles se soulevaient juste au moment du tir, et offraient en temps ordinaire une protection à la garde du rempart. — Voici (fig. 1), sous les réserves qu'imposent les lacunes du texte, le mode d'exécution de ces portières :

1° LES PANNEAUX :

Des madriers jointifs, dont un est arrondi en tourillon, constituent le panneau; deux traverses moisantes les maintiennent sur chaque rive.

2° LES COUSSINETS :

En guise de coussinets on a maçonné à travers les merlons, des pièces de bois D dont les têtes saillantes forment des corbeaux cubiques d'une parfaite solidité.

Les tourillons du volet s'appuient sur ces corbeaux; des cavités demi-cylindriques reçoivent ces tourillons, et de simples chapeaux en bois D' s'opposent à leur soulèvement.

VIII. — AIRES ET ENDUITS.

L'enduit qui protège les bois de la toiture contre les flèches incendiaires est une couche de terre mêlée de paille hachée (1. 68) : rien n'indique que la chaux entre dans sa composition.

L'épaisseur de cet enduit, non compris le lattis qui le maintient, est de trois doigts (0ᵐ,06); et la façon dont il s'applique au-dessous du solivage est la suivante :

Sous les solives sont clouées des lattes de un doigt d'épaisseur, séparées par des intervalles de trois palmes (0ᵐ,22).

Ce lattis principal maintient un menu lattis, fait d'une double couche de joncs disposés les uns par-dessus, les autres par-dessous. (Voir, à gauche de la figure n° 1, la représentation perspective de cette disposition.)

Ou bien, à titre de variante, le Devis admet que la couche inférieure de joncs soit remplacée par des tiges de plantes plus minces et sans doute mieux adhérentes à l'enduit. Vitruve nous a laissé la description de plafonds économiques qui répondent de point en point à ces indications[1].

— A son tour, le mode d'exécution de l'aire du chemin de ronde se retrouve, à peine modifié, dans le traité de Vitruve[2] :

La couche plastique de cette aire est un corroi en terre peut-être mêlée de chaux, auquel on incorpore des fragments de poterie, de manière à former une sorte de mosaïque bien résistante. Le tout est soumis à un battage énergique; et l'aire, au lieu d'adhérer aux briques de la plate-forme qu'elle recouvre, en est séparée par une natte mince (voir les fig. 1 et 3) : excellente précaution, dont le résultat est de rendre libre le retrait de l'aire, et de prévenir ainsi les gerçures qu'elle tend à contracter en séchant.

IX. — LA DÉCORATION.

Le principal ornement des murs consiste en un revêtement de terre cuite faisant bandeau le long de la toiture.

---

[1] Vitr. VII, 3. - Cf. Cato. *de Re rust.*, 54; Pallad., I, 13; Columell., XII, 50.
[2] Vitr., VII, 1.

Cet ornement, qui répond aux *antepagmenta* de Vitruve[1], n'est pas sans analogues dans l'architecture des anciens Grecs : on connaît les revêtements de poterie émaillée, à couleurs puissantes, à dessins larges et simples qui ornaient les poutres du temple de Métaponte[2]; le bandeau des murs d'Athènes devait, sauf des nuances de style, reproduire des effets de ce caractère. Et, pour compléter cette sobre décoration, une frise d'enduit Q régnait sous la corniche, occupant sur tout le développement des murs une hauteur de quatre assises de brique.

Les tuiles de rives étaient-elles ornées de palmettes? rien ne nous autorise à l'affirmer[3]; ce qui du moins est assuré, c'est l'absence de tout chéneau : nous croyons avoir montré (page 54, note 17) qu'on attribuerait à tort ce sens au mot ακρωτήριον; et au surplus, il eût été fort inutile de compliquer la construction de cet accessoire lorsqu'on avait, pour écarter les eaux du pied des murs, une saillie de corniche de un pied et demi et, le long des rives de la toiture, un bandeau en poterie qui se prête à merveille au rôle de coupe-larme.

CHAPITRE III

DIMENSIONS PRINCIPALES ET PROPORTIONS

Dimensions.

Essayons maintenant de déterminer les principales dimensions de l'ouvrage :

[1] Vitr., IV, vii. — Cf. *Lex puteol. parieti faciundo* : C. I. L. 577; Egger, *Lat. serm. vetust. reliquiæ*, xxxii.

[2] Ces revêtements, publiés par le duc de Luynes dans son ouvrage sur Métaponte, appartiennent actuellement à la Bibliothèque nationale.

[3] Lorsque les inventaires de la marine athénienne enregistrent parmi les approvisionnements destinés à l'Arsenal du Pirée des tuiles de rive, ils ont soin d'ajouter, *s'il y a lieu*, la mention des palmettes qui les décorent (Bœckh, *Urk.*, p. 405 et suiv.).

Les cotes qui se lisent dans l'inscription sont en assez petit nombre : plusieurs sans doute étaient contenues dans les lignes effacées; celles que nous possédons avec certitude sont les suivantes :

a) Longueur des madriers C faisant linteaux au-dessus du crénelage .... 8 pieds.

b) Intervalle vide entre les piles E......... 7 —

c) Largeur des piles E vues de profil....... 2 longueurs de brique.

d) Largeur de créneaux................. 2 —

e) Épaisseur du parapet B .... 2 —

f) Hauteur du parapet B .... 3 pieds.

g) Hauteur du créneau .... 10 épaisseurs de brique.

h) Hauteur de la portion de { non compris le linteau C... 6 —
mur qui surmonte le crénelage { linteau compris 7 —

i) Hauteur de la frise décorative Q........ 4 —

k) Épaisseur de la charpente du plancher { non compris l'enduit.... 3 palmes.
{ y compris le lattis de 1 doigt et l'enduit de 3 doigts... 1 pied.

— De ces chiffres, il est aisé de déduire toute une série de dimensions nouvelles :

1° *Dimensions des piles et largeur des briques.*

Évidemment un cours de linteaux de 8 pieds correspond à l'intervalle d'axe en axe de deux piles E;

L'espace vide entre deux piles E est d'ailleurs de 7 pieds :

Donc la dimension de la pile E, vue de face, est de 1 pied.

Cela admis, comme il paraît clair que la section de la pile E correspond à une brique sur deux, on voit que la brique des murs d'Athènes mesure *un pied sur chaque face* : cette dimension de brique répond d'ailleurs à l'un des échantillons définis par Vitruve[1].

2° Répartition des créneaux.

L'ouverture des créneaux étant de deux longueurs de brique, doit être cotée 2 pieds ; et dès lors, l'espacement des créneaux se trouve tout indiqué :

Chacun des linteaux C règne sur un groupe de *deux* créneaux de 2 pieds, séparés par des merlons de même largeur ; en d'autres termes, les vides sont égaux aux pleins.

3° Dimensions verticales du mur crénelé. — Épaisseur des briques.

La seule dimension verticale qui soit formellement énoncée est celle du parapet : 3 pieds ; les autres cotes de hauteur sont exprimées *en épaisseurs de briques*. Quelle était donc l'épaisseur des briques ?

— Nul doute qu'elle ne fût exprimable très simplement au moyen des unités de mesure grecques.

Or l'expression la plus simple qu'on puisse lui attribuer, *un palme,* donne précisément pour la galerie de ronde une hauteur sous plafond de 7 pieds, ce qui était, croyons-nous, la seule cote admissible.

Il fallait en effet ce minimum de 7 pieds pour que la circulation fût libre ; et d'un autre côté, il importait à la stabilité que le toit fût aussi bas que possible : ce chiffre de 7 pieds s'imposait, et l'épaisseur de briques qui nous le donne ne peut guère être modifiée. — Admettons donc l'hypothèse des briques de 1 palme sur 1 pied : les cotes de hauteur exprimées en épaisseurs de briques se traduiront comme il suit :

[1] Vitr., II, III.

Hauteur du créneau A.......................... **2 pieds 1/2.**

Hauteur de la partie du mur située ⎰ non compris le linteau.   1ᵖ 1/2.

     au-dessus des créneaux.   ⎱ avec le linteau ....   1ᵖ 3/4.

Hauteur de la frise décorative Q ....   1ᵖ.

Hauteur totale ⎰ y compris l'épaisseur du bétonnage ....   7ᵖ 1/4.

   sous plafond ⎱ hauteur réelle, entre le dessus du bétonnage

        et le dessous du plafond................   7ᵖ.

     4° *Dimensions des principales pièces de la charpente.*

L'épaisseur des grosses poutres G ressort, sans aucune hypothèse, des cotes énoncées au devis : elle se décompose de la manière suivante :

       Épaisseur du solivage............   3 palmes.

       Épaisseur du lattis...............   1 doigt.

       Épaisseur de l'enduit............   3 doigts.

                Total....   1 pied.

1 pied est donc l'épaisseur de la poutre G.

D'ailleurs sa largeur nous est donnée par la largeur même (1 pied) de la pile qui la soutient :

La poutre G se présente ainsi comme une pièce à section carrée de 1 pied d'équarrissage.

     5° *Dimensions générales du corps du mur.*

Reste à déterminer l'épaisseur totale et la hauteur du gros mur :

— Un chiffre qui, à raison de sa place dans le Décret, doit se rapporter à l'une des principales dimensions de la construction, est celui de 7 pieds (l. 13) : Ce chiffre de 7 pieds, qui déjà représente la hauteur du chemin de ronde, n'exprimerait-il pas aussi *la largeur libre* de cette galerie ?

Si l'on admet cette attribution, la largeur totale du mur serait portée à 11 pieds, ce qui paraît assez bien d'accord avec les prescriptions de Philon de Byzance :

Philon recommande[1] de donner aux murs en briques crues au moins 15 pieds d'épaisseur. Philon écrit à une date où les moyens d'attaque ont fait, sous l'influence des premiers successeurs d'Alexandre, de très notables progrès : admettre 11 pieds à l'époque des murs d'Athènes paraît une évaluation acceptable.

Quant à la hauteur, Philon la fixe à un minimum de 30 pieds, en motivant ce chiffre par la nécessité de mettre le mur à l'abri de l'escalade : — C'est d'après cette donnée que nous avons établi le profil-type représenté par le croquis d'ensemble de la page 64.

PROPORTIONS.

Dès qu'on adopte les cotes qui viennent d'être exposées, des relations de proportion extrèmement simples se manifestent entre les divers membres de l'ordonnance :

1° La section libre de la galerie forme exactement un carré de 7 pieds de haut sur 7 pieds de large.

2° La hauteur de la façade étant évaluée entre le sommet du gros mur et le sommet de la corniche, on trouve que les baies du crénelage se placent *juste à mi-hauteur* de cette façade.

En effet, la façade se décompose comme il suit :

Parapet. . . . .   3 pieds.
Baies du crénelage. . . , ...   1 ᵖ 1/2.

[1] *Fortif.*, § 3.

Construction située au-dessus des baies et comprenant :

Le linteau C......................	1 palme.
Six assises......................	6 palmes.
La hauteur de la poutre G.........	1 pied.
La hauteur de la bordure N........	1 palme.
Ensemble.....	3 pieds.

— Il y a donc 3 pieds de construction au-dessus du créneau et 3 pieds au-dessous.

Ajoutons que la baie elle-même, haute de 1 pied 1/2, large de 2 pieds, présente une proportion très fréquente dans l'architecture antique, celle de 4 à 5.

Des rapprochements plus circonstanciés supposeraient une connaissance plus complète des cotes de détail, mais il n'était pas sans intérêt de retrouver la tendance aux rapports simples jusque dans les combinaisons de l'architecture militaire : soit qu'il élève un temple, soit qu'il bâtisse une forteresse, le Grec ne perd jamais de vue les lois de proportion et d'harmonie.

CHAPITRE IV

CLAUSES ADMINISTRATIVES ET FINANCIÈRES
LES TRAVAUX FACULTATIFS

Ici, c'est un tout autre aspect de l'esprit grec qui se manifeste. Les procès, on le sait, n'étaient pas rares chez les Athéniens, et il n'est point

de précaution que l'auteur du devis n'ait prise pour les prévenir : exiger
des répondants (l. 112) ; placer les conventions sous la garantie d'un
serment solennel (l. 23) ; astreindre les entrepreneurs à comparaître
devant le peuple pour rendre compte de leur gestion (l. 28) ; spécifier
les travaux qu'ils devront exécuter dans chacune des années du bail
(l. 105), la juridiction dont ils seront justiciables, les peines dont ils
seront passibles (l. 25), etc.

— Le Devis nous fournit enfin quelques détails sur l'organisation
administrative des travaux de l'État.

Un architecte directeur des travaux est élu par le suffrage du
peuple (l. 6) ; cet architecte arrête, sous le contrôle d'une commission
composée de deux *épistates* et d'un *intendant*, le programme général
des travaux, et les partage par lots d'entreprise (l. 7) ; un collège de
vendeurs (πωληταί) (l. 36) préside à l'adjudication.

Les entrepreneurs, qui portent, eux aussi, le titre d'*architectes*
(l. 32), gardent dans l'exécution de leur marché une initiative qui
donne au contrat d'entreprise un caractère tout à fait à part : c'est une
véritable délégation de responsabilité, et une délégation assez large
pour intéresser au succès de l'œuvre leur honneur aussi bien que leur
fortune.

Aussi, dans un marché grec de travaux publics, les obligations
ne sont jamais limitées ; le marché fixe celles auxquelles l'entrepreneur
ne peut se soustraire : libre à lui d'ailleurs de faire autrement, à la
condition de faire mieux et de prendre à sa charge les perfectionnements qu'il apporte. Et cette réserve singulière n'est point du tout une
réserve fictive : C'est ainsi qu'au temple de Delphes[1] nous voyons
l'entrepreneur changer la nature des matériaux convenus et remplacer
par du marbre la pierre qui était prescrite ; c'est ainsi que nous voyons,

[1] Hérodot., V, LXII.

en l'an 339; Démosthènes, préposé aux fortifications d'Athènes, ajouter aux sommes qui lui sont confiées une somme de trois talents[1].

Au cas actuel, non seulement le champ est ouvert au zèle de l'entrepreneur (l. 32); mais, d'après la conjecture très vraisemblable d'O. Müller, les dernières lignes du Devis contiennent un énoncé fort explicite des perfectionnements que l'entrepreneur est invité à prendre à sa charge. L'entrepreneur ne doit qu'un soubassement grossièrement dressé : mais il peut, — à ses frais, — en exécuter le ravalement (l. 116). Il ne doit qu'une corniche à revêtement de poterie: il lui est loisible de remplacer cette corniche économique par un couronnement en pierre (l. 114). Le jour où les comptes seront soumis à l'Assemblée du peuple, l'entrepreneur fera la preuve des sacrifices que ces perfectionnements lui auront coûtés (l. 30); et l'État, s'il le juge bon, le paiera en honneurs.

L'entreprise des travaux publics était donc moins une profession lucrative qu'une charge honorable mais parfois assez lourde : l'armement des vaisseaux, l'équipement des troupes, tout, jusqu'aux représentations scéniques, faisait l'objet de ces ruineuses entreprises; et l'on se regardait comme amplement récompensé lorsqu'on entendait proclamer au Pnyx ou au Théâtre un décret enregistrant le sacrifice accompli.

Mais ce n'est pas ici le lieu de nous étendre sur ces contributions que le peuple athénien savait si habilement imposer à la vanité des riches entrepreneurs de ses travaux : c'est avant tout un document pour l'histoire de l'architecture que nous cherchions dans l'Inscription des murs d'Athènes.

---

[1] Les textes relatifs à cette curieuse gestion se trouvent rassemblés dans le Mém. d'O. Müller, p. 25, notes 71 et 72. Les principaux sont l'Acte qui figure au paragraphe 17 du plaidoyer de Démosthènes contre Eschine, et le Décret inséré au paragraphe 26 du même discours. — Cf. Xenoph. Œconom., II.

LISTE

DES MOTS TECHNIQUES DONT L'INSCRIPTION PRÉCISE LE SENS

LÉGENDE EXPLICATIVE DES FIGURES

Pour les figures qui accompagnent la présente étude, on s'est servi des notations suivantes :

Le pied grec (approximativement égal à 0^m.308) est exprimé par le signe..   (′)
Le 1/4 de pied, ou palme..   (″)
Le 1/4 de palme, ou doigt..   (‴)

Les *seules* cotes inscrites aux dessins sont celles qui résultent des indications formelles du texte : les cotes qui se déduisent de la dimension des briques mises en œuvre ont été systématiquement supprimées; il sera d'ailleurs facile de les rétablir en partant de cette donnée extrêmement probable, que les briques mesurent sur chaque face 1 pied, et que leur épaisseur est de 1 palme.

FIGURE I

PERSPECTIVE CAVALIÈRE DU COURONNEMENT DES MURS.

Les dimensions parallèles à trois axes tracés sur la droite du dessin sont réduites dans la proportion de 1 à 50.

La charpente du plafond pouvait être composée soit de solives assemblées sur les maîtresses-poutres, soit de poutrelles croisées par des entretoises : — c'est la première des deux combinaisons qu'on a représentée.

La partie de gauche du dessin montre l'agencement des lattes et des roseaux qui maintiennent le plafond en terre.

Un des créneaux est muni de sa portière mobile; pour les autres, on a seulement figuré les corbeaux sur lesquels reposent les tourillons des portières.

FIGURE II

PLAN COMPRENANT TROIS TRAVÉES DU CHEMIN DE RONDE.

Échelle $\frac{1}{100}$.

Les lignes ponctuées marquent la position des maîtresses-poutres et les saillies de la toiture.

FIGURE III

COUPE TRANSVERSALE DU CHEMIN DE RONDE.

Échelle $\frac{1}{50}$.

La figure met en regard les deux dispositions de charpente que le Devis laisse au choix de l'entrepreneur :

La moitié de droite, conforme à la perspective (fig. 1), représente un plafond porté par un simple cours de solives I.;

Dans la moitié de gauche, on a figuré une charpente composée de poutrelles H et d'entretoises K.

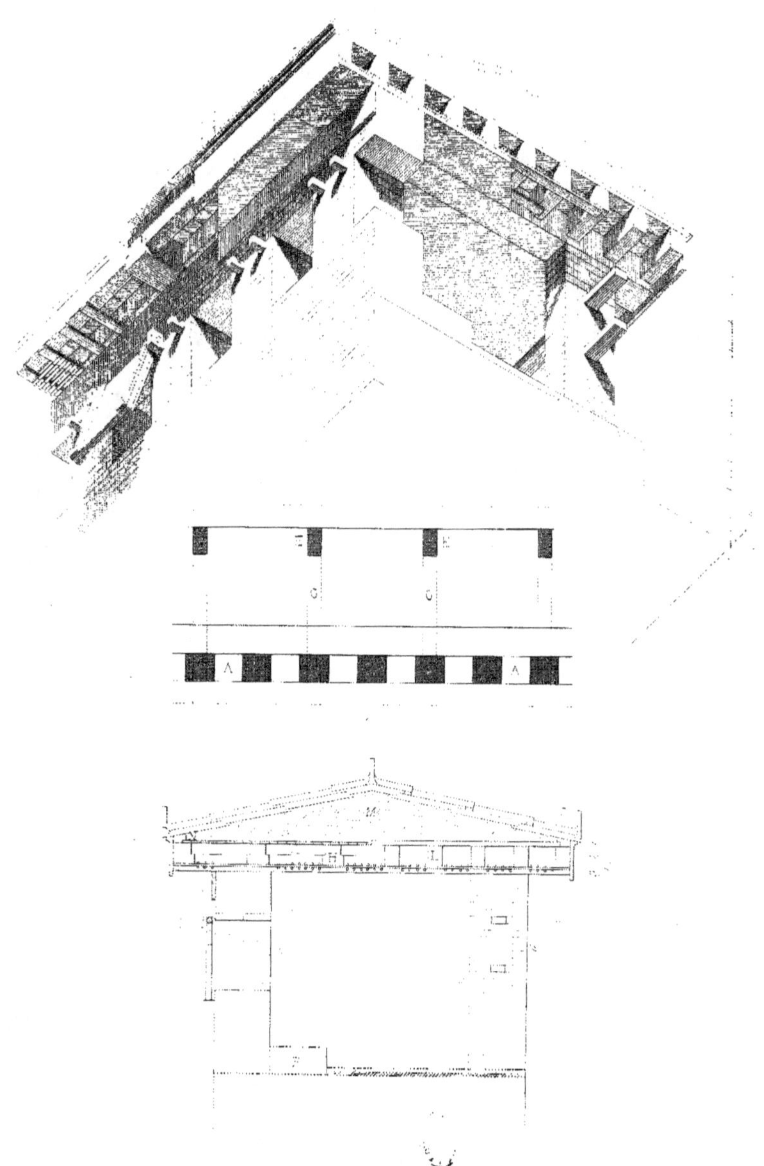

TABLE

—

PREMIÈRE PARTIE

Texte et traduction de l'Inscription.

DEUXIÈME PARTIE

Examen des dispositions techniques.

CHAPITRE PREMIER

DISPOSITIONS GÉNÉRALES.

CHAPITRE II

DÉTAILS DE CONSTRUCTION.

CHAPITRE III

DIMENSIONS PRINCIPALES ET PROPORTIONS.

CHAPITRE IV

CLAUSES ADMINISTRATIVES ET FINANCIÈRES.

ANNEXES

www.ingramcontent.com/pod-product-compliance
Lightning Source LLC
LaVergne TN
LVHW021155200726
843510LV00001B/374